ALGO QUE DEBE ESTAR ROTO

VN / LK / 005

Primera edición, abril 2024

© Ediciones Venera, 2024

© Fabián D. Cuesta, 2006–2019

Editor: Yago Ferreiro

Diseño de la colección: A. C. Colectivo Laika

Impreso en España — Printed in Spain

ISBN: 978–84–948535–2–4

Dep. Legal: VA 206–2024

El editor, Yago Ferreiro, quiere expresar su agradecimiento a
Cornelius Hickey por morderse la lengua (y van doce). A Juan
Laika, Anna Farré y Paterson por su inestimable ayuda a la hora
de editar, componer y revisar el presente texto, así como por
su amabilidad, paciencia y amistad. A Fabián y a Pedro Garcia
por hacer de *Dogville* un lugar seguro y a Kurt Vonnegut por
Slaughterhouse-five.

Ediciones Venera es una iniciativa de A. C. Colectivo Laika

ALGO QUE DEBE ESTAR ROTO

Fabián D. Cuesta

EDICIONES VENERA

A las bestias del infierno,
y a los pájaros del cielo y su señor.

Fabián D. Cuesta (Biel/Bienne, 1981) es un músico leonés que, desde la más absoluta independencia creativa y discográfica, ha editado ocho trabajos bajo su nombre entre epés, álbumes completos y *singles* reunidos.

En su adolescencia y primera juventud vivió con un rough collie que se llamaba Ney.

Se acuerda de él todos los días.

Llega un día
en que la mano percibe los límites de la página
y siente que las sombras de las letras que escribe
saltan del papel.

Roberto Juarroz
«Quinta poesía vertical, 2»

ÍNDICE

ALGO

QUE DEBE

ESTAR ROTO

/algo que
debe estar roto/

Escribir canciones siempre ha sido un refugio.

Por supuesto también para ese ente etéreo al que no sabemos muy bien cómo referirnos y que llamamos alma, pero que la mayoría de las veces suele tener que ver con un estado de ánimo sobrevenido por alguna frustración (normalmente amorosa, normalmente sexual, normalmente porque no puedes comprarte una Gibson SJ200 del año 1957, etcétera); sin embargo, a lo que me quiero referir aquí, es que escribir canciones es, además, un refugio para los y las letristas, esa subespecie de escritores que se asoma al hipertransitado abismo del folio en blanco apoyándose en la muleta de otro gran concepto universal: LA MÚSICA.

LA MÚSICA (popular) es, si cabe, una idea más vaporosa para la mayoría de los mortales que el alma a la que hacía referencia en el párrafo anterior, y para justificar esta afirmación hay innumerables ejemplos. Recuerdo que un amigo productor me contó una anécdota muy graciosa, en la que un hombre que había escrito unas cuantas canciones acudió muy emocionado a su estudio para concretar las fechas y el presupuesto de la grabación. Cuando se pusieron de acuerdo, justo antes de despedirse, el escritor de canciones le preguntó a mi amigo: «Y lo de la música, ¿cómo lo hacemos?».

Esa facultad cuasireligiosa que se le otorga a las melodías, arreglos y armonías que dan forma a las canciones es una bendición para muchos cancionistas, porque podemos permitirnos decir casi cualquier cosa siempre y cuando la vistamos con el traje adecuado para cada momento, dependiendo de la emoción que queramos transmitir.

Es por eso que me da pudor ofrecer mis letras aquí, sin el envoltorio mágico de las guitarras, pianos, bajos y baterías. Sin las cuerdas, los coros y demás herramientas maravillosas que me han permitido publicar discos desde hace tanto tiempo.

Pero no es menos cierto que siempre he escrito las letras de mis canciones atendiendo a una premisa fundamental: estar orgulloso de ellas para poder defenderlas en directo. Por la razón que sea. Porque representan un momento preciso de mi vida, porque son exactamente lo que quería decir, porque están bien construidas sintácticamente o, en el mejor de los casos, porque poseen una lírica hermosa.

Así que cuando me ofrecieron reunirlas y publicarlas en un libro, primero dije que no, pero pasado un tiempo supe que no tenía nada de lo que avergonzarme; más bien todo lo contrario.

Aquí encontrarás, bien ordenaditas y (esta vez) envueltas en una preciosa edición en papel, las letras de mis canciones desde aquel primer *Plegarias EP* de 2006, hasta *El rumor de los tiempos*, de 2019.

Hay canciones que escribí con dieciocho años y canciones que escribí casi con cuarenta. Prácticamente todas hablan de pájaros, perros y fenómenos climatológicos.

Prácticamente todas hablan de mí.

En cuanto al título, puede parecer otra cosa, pero es un canto a la supervivencia y a la belleza en un mundo raro y enfermo.

Todos le debemos algo a los terremotos.

Yo sí, desde luego.

León, febrero de 2024

/espera a la
primavera
+
plegarias ep/

MARZO

De las flores que pisé
Salen pájaros volando
De la fiebre de papel
Agua

Cualquier domingo de marzo
Te despertarás empapada en sudor
Recordando las horas
Que pasamos juntos mirándonos

Así

De las flores que olvidé
En el suelo de tu cuarto
De la almohada de tu piel
Soñando

Es más difícil prestar atención
A las cosas que ocurren delante de mí
Si me paso la vida pensando en aquello

Y cualquier domingo de marzo
Me pasaré por donde estés y hablaremos de
        algo
O quizá nos quedemos callados mirándonos.

PÁGINAS TUYAS

Yo sé lo que te pasa
Llegas a casa y al final
No se parece a lo que habías esperado
No se parece en nada

Somos una gota de lluvia
Somos una lágrima muerta en el cristal
Tengo un par de páginas tuyas
Tengo que decirte que eres alguien especial

Yo sé lo que te pasa
No te apetece imaginar
Vives en una noche larga
Las luces se retrasan

Somos una gota de lluvia
Somos una lágrima muerta en el cristal
Tengo un par de páginas tuyas
Tengo que decirte que eres alguien especial

A veces

A veces

Somos una gota de lluvia
Somos una lágrima muerta en el cristal

Tengo un par de páginas tuyas
Tengo que decirte que eres alguien especial

Yo sé lo que te pasa
Yo sé lo que te pasa
Yo sé lo que te pasa.

DOS VIOLETAS

Tiene dos botellas en su habitación
Y no sé si quiere usarlas conmigo
Tiene dos heridas en el corazón
Y tal vez yo pueda servirle de abrigo

Que si te quiero más que el primero
Que te quiso de verdad
No tengo miedo
De que me queme la ciudad

Y si me dices que eres tan grande
Que no hace falta que busque más
Yo me lo creo
Donde tú estés está mi hogar

Tiene dos violetas azules en su balcón
Y tal vez yo pueda oler su destino
Tiene dos escaleras en el callejón
Que me llevan volando al final del camino

Que si te quiero más que el primero
Que te quiso de verdad
No, no tengo miedo
De que me queme la ciudad

Y si me dices que eres tan grande
Que no hace falta que busque más
Yo me lo creo
Donde tú estés está mi hogar

Mírala pasar
Mírala pasar
Qué bonita

Tiene dos violetas azules en su balcón
Y no sé si quiere usarlas conmigo.

MIS CALLES DE ARENA

Dices que ya no te duele
Pero te quema por dentro
El humo se muere lento
Y se aleja de quien le hiere

Dices que ya no te atreves
Que se acabó tu momento
Que pintas paisajes en las paredes
Antes de salir corriendo

Ya no merece la pena
Volver a la misma ciudad
Mis calles ya se han vuelto de arena
Mi casa tiene vistas a mar
Mi casa tiene vistas a mar

Dices que tienes deberes
Que se agotó tu talento
Dices que pasa el tiempo y prefieres
Dormir a quedarte despierto

Dices tantas cosas que
Dices tantas cosas que
No sé si es mentira o es cierto

Que ya no merece la pena
Volver a la misma ciudad
Mis calles ya se han vuelto de arena
Mi casa tiene vistas a mar

Ya no merece la pena
Volver a la misma ciudad
Mis calles ya se han vuelto de arena
Mi casa tiene vistas a mar

Dices que ya no te duele
Pero te quema por dentro.

APENAS

Esperaré a la primavera,
No volveré a pensar en ti
Porque lo poco que nos queda
Sigue siendo demasiado
Sigue siendo demasiado

Juguetes rotos
Cantos de sirena
Acariciando la pena
En mi habitación
Provocando terremotos
Mi música en tus venas
Lamiendo las paredes
De tu corazón

Apenas fuimos dos
Apenas perdimos

Viajo en un asiento de primera
Hacia el tiempo perdido
Y tu pequeña carretera
Sigue siendo demasiada
Sigue sigue siendo demasiada

Juguetes rotos
Cantos de sirena

Acariciando la pena
En mi habitación
Provocando terremotos
Mi música en tus venas
Lamiendo las paredes
De tu bonito corazón

Juguetes rotos
Cantos de sirena
Acariciando la pena
En mi habitación
Cuentos para locos
Mi música en tus venas
Lamiendo las paredes
De tu corazón, de tu corazón

Apenas fuimos dos
Apenas perdimos.

HORIZONTES

Ya no valen nada
Los besos que me dan
Son como palomas que vuelan

Nidos de alambrada
Espinas de metal
Son como horizontes de niebla

No tienes adonde ir
Y no te importa

Ya no busco nada
Todo lo perdí
Oigo tu lamento lejos

No tienes adonde ir
Y no te importa

No tienes adonde ir
Y no te importa
No.

PRINCIPIOSOBLIGADOS
(MAÑANA)

Si me preguntan por qué
Yo diría por nada

Si me preguntan cómo
Yo diría por qué

A veces tengo tanto miedo que me quedo en
        la cama
A veces me da miedo pisar, me voy a caer

Y pasan los días
Y no tengo nada
Y pasan corriendo
Como pretendiendo
No verme la cara

Y pasan los días
Y no tengo nada
Y pasan corriendo
Como pretendiendo

Principios obligados son los que tendremos
        mañana
Principios obligados son los que tendremos.

HOY

Hoy no sé muy bien
Qué es lo que hago aquí

Hoy no sé muy bien
Por qué me cuesta tanto
Escapar
Y sin embargo a ti
Parece no importarte demasiado
Mi manera de vivir

Hoy no sé muy bien
Cuál será mi destino
Y es mejor
Que sigas tu camino
Y a mí me dejes levitando por aquí

Hoy no sé muy bien
Cuál ha sido la respuesta
Y tampoco sé
Exactamente cuánto cuesta
Tu calor
Y hoy será mejor

Que me dejes levitando por aquí
Que me dejes levitando por aquí

Que me dejes levitando por aquí
Que me dejes.

COMO LOS GATOS

Ey, bien
Parece que me he perdido
Entre tanto amigo, y, vaya,
Lo cierto es que me cuesta respirar

Ey, bien
Parece que he vivido
Lo que viven los que mienten
Los que gritan tu nombre entre tanta gente
Los que sin pensarlo
Se van a beber al bar

Ey, ey bien
Y qué me cuentas
Ha pasado tanto tiempo
Es como lamentarse por querer vivir al ciento
        por ciento
Y no, y no llegar ni al cincuenta

Pero no, no, no somos mejores que nadie
Y como los gatos nos lamemos las heridas
Lo cierto es que estoy cansado ya
De tener que repetir tantas mentiras

Ey, te he echado de menos hoy
Te he echado de menos

Te he echado de menos hoy
Te he echado de menos

Ey, ey bien
Parece que te he encontrado
Durmiendo al otro lado
Entre tanta lucha, entre tanto frente
Y tanta conversación urgente
Hace falta ser
Jodidamente fuerte

Pero no, no
No somos mejores que nadie
Y como los gatos nos lamemos las heridas
Lo cierto es que estoy cansado ya
De tener que repetir tantas mentiras

Ey, te he echado de menos hoy
Te he echado de menos
Te he echado de menos hoy
Te he echado de menos.

TRIUNFADORES

Triunfador
Yo te diré lo que es un triunfador

Es un tío que trabaja once horas al día
Y es capaz de salir y de beberse una cerveza
Sin derrochar mal humor
Sin que le estalle la cabeza

Eso es ser un triunfador
Eso es ser un triunfador

Y vestir a sus hijos
Y pagar la hipoteca
Y esperar por las becas
Y cerrar bien los grifos

Eso es ser un triunfador
Eso es ser un triunfador

Triunfadores
Yo te diré quienes son mis triunfadores

Son personas corrientes que cuidan de
          personas
Y que pasan las horas, los días, los meses
Encajando reveses

Y cometen errores
Y siguen siendo personas

Esos son mis triunfadores
Esos son mis triunfadores

Y vestir a sus hijos
Y pagar la hipoteca
Y esperar por las becas
Y cerrar bien los grifos

Eso es ser un triunfador

Y vestir a sus hijos
Y pagar la hipoteca
Y esperar por las becas
Y cerrar bien los grifos

Eso es ser un triunfador
Eso es ser un triunfador.

EL TIPO EQUIVOCADO

El tiempo se hace pesado
En las manecillas del reloj
Me gusta escuchar tu voz
Es un tesoro enterrado

Te encontraré en las carreteras
Solo dime que me esperas y jamás me largaré
Haré todo lo que quieras
Haré todo lo que quieras

Y camino con cuidado
Me da miedo tropezar, mi amor
Nunca me paré a pensar si
Soy el tipo equivocado

Te encontraré en las carreteras
Solo dime que me esperas y jamás me largaré
Haré todo lo que quieras
Haré todo lo que quieras

Duermo un sueño complicado
Cae la tarde en el andén
Cuánto tiempo pasará hasta que
Pare el tren a nuestro lado

Te encontraré en las carreteras
Solo dime que me esperas y jamás me largaré
Haré todo lo que quieras
Haré todo lo que quieras

Te encontraré en las carreteras
Solo dime que me esperas y jamás me largaré
Haré todo lo que quieras
Haré.

/adiós, tormenta/

PALABRAS RARAS

Algo hay en el centro de tu triste corazón
Cuando duermes en silencio puedo oírlo
Es tan fácil entenderlo, suena una canción
Un refugio en el invierno más vacío

Y no, no quiero terminarlo así
Como hice tantas veces antes
Son estas estúpidas paredes
Que no me dejan avanzar

Hay un cielo abierto en cada esquina de esta
        habitación
Un murmullo hambriento de palabras raras
Cuando siento que se pierde busco alrededor
Cuántas noches esperé que regresara

Y no, no quiero terminarlo así
Como hice tantas veces antes
Son estas estúpidas paredes
Que no me dejan avanzar

Y no, no quiero terminarlo así
Como hice tantas veces antes
Son estas estúpidas paredes
Estas estúpidas paredes.

LA SIESTA DE LOS PERROS

Déjame dormir
Como duermen los perros,
Soñando con flores
Oxidadas por el sol,

Con canciones de cuna
Y horizontes abiertos,
Con la luz de la luna
Implacable en el corazón

Aquí no tendrás respuestas
Aquí no tendrás perdón
Terminarás por llevarlo a cuestas,
Terminarás por llevarlo, amor

Déjame sentir
Que soy parte del tiempo
Que dejaste a su suerte
Olvidado en un rincón,

Que de tanto perderse
Se encontró en un desierto
Sin palabras, ni manos,
Ni voces alrededor

Aquí no tendrás respuestas
Aquí no tendrás perdón
Terminarás por llevarlo a cuestas,
Terminarás por llevarlo, amor.

PEQUEÑO DECIMAL

Es tan cruda la verdad
Que da miedo aproximarse
Al pequeño decimal
De lo que me dejé

Soy un corazón que sangra
Cada noche desnudándose
Prisionero de su fe
Mientras todo cambia

Soy todo aquello que quisiste ser
Un vuelo raso en pleno amanecer
Y no lo sabes
Y no lo sabes
Y no lo sabes
Y no…

Aún recuerdo mi lugar
Cielo gris al despertarme
Un pequeño manantial
De lo que no olvidé

Soy un pájaro sin alma
Cada noche despidiéndose
Atrapado por su piel
Sobre el mar en calma

Soy todo aquello que quisiste ser
Un vuelo raso en pleno amanecer
Y no lo sabes
Y no lo sabes
Y no lo sabes
Y no.

LUGARES

Ella es el rocanrol y yo
Soy el guardián de los secretos del cajón de su
      mesilla
Ella es una canción de amor y yo
Soy el ladrón de los reflejos de la luz de su
      mirilla

Y puedo verla desde lejos
Y sentirla respirar
Puedo ser todos los espejos
Puedo ser todos los espejos, puedo
Puedo verla desde lejos
Y sentirla respirar

Puedo ser todos los espejos
Puedo

Ella es un corazón enorme y yo
Casi niño y casi hombre caminando entre las
      calles
Ella es la razón más urgente y yo
Soy la mitad de alguien valiente si me faltan
      sus detalles

Y puedo verla desde lejos
Y sentirla respirar

Puedo ser todos los espejos
Puedo ser todos los espejos, puedo
Puedo verla desde lejos
Y sentirla respirar

Puedo ser todos los espejos
Puedo

Porque este es un tiempo de
De lugares antes desatendidos
De fiestas sobre tu vientre
Y canciones de carretera, tiempo
Tiempo de jinetes entre las sábanas
Que firman treguas en las fronteras de los dos
Tiempo de lugares antes desatendidos

Y puedo verla desde lejos
Y sentirla respirar
Puedo ser todos los espejos
Puedo ser todos los espejos, puedo

Puedo verla desde lejos
Y sentirla respirar

Puedo ser todos los espejos
Puedo…

ATARDECERES

Todavía no pude entender
Para qué viniste
Son más fáciles de comprender
Mis motivos tristes

Quieres gritar
Como un perro ladrándole a las paredes
Quieres vivir
Para siempre en aquellos atardeceres
Que veíamos

Todavía no logré entender
Aquello que dijiste
Y a menudo pienso que esta vez
Es mejor reírse

Quieres gritar
Como un perro ladrándole a las paredes
Quieres vivir
Para siempre en aquellos atardeceres
Que veíamos

Quieres gritar
Como un perro ladrándole a las paredes
Quieres vivir
Para siempre en aquellos atardeceres
Que teníamos.

UN PEQUEÑO PÁJARO
QUE CANTA

Tardaste en encontrarlo
Y no quisiste huir
Me quedaré con algo
Me acordaré de ti

Y de un pequeño pájaro que canta
Una rama seca sobre tu colchón
Una sombra rápida que avanza
Hacia mi rincón

No hay esperanza
No hay esperanza

Trataste de evitarlo
Cortaste la raíz
Y de un pedazo amargo
Lograste ser feliz

Un pequeño pájaro que canta
Una rama seca sobre tu colchón
Una sombra rápida que avanza
Hacia mi rincón

No hay esperanza
No hay esperanza

No
No
No.

NO ESTÁS HECHA PARA MÍ

No estás hecha para mí
Ni para ningún otro
Puedo largarme de aquí
Borrarme poco a poco

Irme sin ti
Sin ti

Dulce mañana de abril
Casi logra volverme loco
Todas las batallas que perdí
Pasan delante de mis ojos

Se van a por ti
Se van a por ti
Se van a por ti

No estás hecha para mí
Ni para ningún otro.

ADIÓS, TORMENTA

Quieres explicar
Lo que quizá no es tan extraño
Restos de memoria
Rota y fría al despertar
Pronto pasará
No volverán a hacerte daño
Yo ya lo sabía mucho antes

Adiós, tormenta
Adiós, si pasas por aquí
Adiós, tormenta
No vuelvas a por mí

Somos como vías
Que se cruzan sin buscarlo
Cuando tú fingías
Yo quería la verdad

Cuánto lo intentabas
Sin llegar a remediarlo
Tú ya lo sabías
Mucho antes que yo

Adiós, tormenta
Adiós, si pasas por aquí

Adiós, tormenta
No vuelvas a por mí

Adiós, tormenta
Adiós, si pasas por aquí
Adiós, tormenta

No vuelvas a por mí
No vuelvas a por mí
No vuelvas a por mí.

/después del
incendio y otras
cosas así/

PIEDRAS

Un camino distinto al que debería seguir
Un sendero de viento y barro
Un camino distinto fue el que nos trajo hasta
       aquí
Y siento que hemos perdido algo

Te busqué en las piedras
Incluso después de encontrarte
Y en las ramas densas
Que brotan sin miedo a crecer
En ninguna parte

Un camino distinto al que debería seguir
Hace tiempo que estoy pensando
Un camino distinto fue el que te trajo hasta mí
Y no hay motivos para olvidarlo

Te busqué en las piedras
Incluso después de encontrarte
Y en la niebla densa
Que envuelve esta puta ciudad

Te busqué en la tierra
Y en todos los bancos del parque
Y en las carreteras
Que viajan de ningún lugar
A ninguna parte.

LA HUIDA

No hay razón
Para seguir mintiendo así
Para seguir negándolo
No somos distintos

Tú también
Soñabas con decir adiós
Tomar de madrugada un tren
Borrar todos los libros

Una huida al despertar
Para que no se entere nadie

Cuánto amor
Amenazabas con tirar
Por la ventana aquel verano
Que hizo tanto frío

Sálvame
No ves que estoy pidiéndolo
No ves que las canciones
Se convierten en caminos

Una huida al despertar
Para que no se entere nadie

Una huida al despertar
Para que no se entere nadie

Nadie.

DIECISIETE

Mi novia trabaja en un bar
Y tiene carita de siesta
Y cuando hago el amor con ella
Tan solo puedo pensar
En aquella lluvia de estrellas
Que vi cuando tenía diecisiete

Cuando me vengas a buscar
Al corredor de la muerte
Y me acaricies
Como si fuera un perro en tu portal
Habré tenido suerte
Habré tenido suerte

Qué canción
Me salvará mañana
De salir hasta querer que se termine el día
Y despertar
En una cama vacía

Tengo el corazón de metal
Y la mirada valiente
Si me prometes que con el tiempo
Nada va a cambiar
Me quedaré a conocerte
Me quedaré a conocerte

Y todo lo que venga detrás
Será una batalla pendiente
Y los latidos de nuestras vidas
Aprenderán a sonar
Cada vez un poco más fuerte
Cada vez un poco más

Qué canción
Me salvará mañana
De salir hasta querer que se termine el día
Y despertar
En una cama vacía

Despertar
Despertar.

NIEVE EN EL TEJADO

Todo fue mejor
Cuando se marcharon
Hubo un apagón y pude oír
«Quédate a mi lado»

Bruma en el balcón
Nieve en el tejado
Todos los caminos que seguí
Acaban justo aquí

Sácame a la calle
Llévame a algún bar
Deja que se apaguen
Las luces

Es tu corazón
Un gorrión dorado
Vuela a mil kilómetros de mí
Sobre el cielo gris

No hay remedio amor
Tienes que olvidarlo
Y tal vez así sobrevivir
A mi pequeño adiós

Y así podrás reconocerlo a tiempo
Podrás reconocerlo al fin
Parece que te llevo dentro
Al fin

Sácame a la calle
Llévame a algún bar
Deja que se apaguen
Las luces

Sácame a la calle
Llévame a algún bar
Deja que se apaguen
Las luces.

OH, MARÍA

Hay una razón para todos los besos
Un pasillo estrecho que llega hasta aquí
Un gorrión azul en el centro del pecho
Un minuto raro en mitad del carmín

Oh, María
Cuántas veces
Te vi
Regresar a Gran Vía sin mí

Cuál es el motor que despierta los huesos
Cuál es la palabra que debo elegir
Tantas avenidas sin rumbo, sin vuelo
Cuál es el camino que debo seguir

Oh, María
Son tan dulces
Tus manos
Y tan fríos los días aquí

Oh, María
Cuántas veces
Soñamos
Con que basta un segundo.

LA TEMPESTAD, ETCÉTERA

Amor de mi vida
Estrella perdida en la inmensidad
En los días sin nombre
En las horas vacías de oscuridad

Hay hombres
Que deciden su destino
Hay hombres
Que deciden esperar

Por las luces del día
Las ventanas abiertas de par en par
Las sábanas frías
Cubriendo las calles de la ciudad

Hay nombres
Que se pierden sin pedirlo
Hay nombres
Imposibles de olvidar

Pequeño dolor divino
Que me vino a liberar
Una piedra en el buen camino
Un pedazo de tempestad.

PLANES,
AUTÉNTICOS PLANES

Puedo recordar los detalles más pequeños
El olor de la brisa que vino del mar
Todas las canciones que no encontraron
                dueño
Se quedaron en tu calle vara verte pasar

Teníamos planes
Auténticos planes
¿Dónde se perdieron?

Puedo defenderme de las ráfagas de viento
De las balas perdidas que vienen detrás
Si pudieras escucharme por un solo momento
Cambiarías el principio por el mismo final

Teníamos planes
Auténticos planes
¿Dónde se perdieron?

Para ver
Que por mucho que cambie
Hay un único mapa del cielo

Y tal vez
Si dejamos que sangre
Lo podamos tocar con los dedos

Planes
Auténticos planes

Planes
Auténticos planes.

DESPUÉS DEL INCENDIO

Anoche soñé contigo
Yo te besaba lento
Tu mano apoyada en mi ombligo
Aviones flotando en el viento

Eres tan frágil y yo
Manejo un futuro incierto
Nadie sospecha, mi amor
Cuánto miedo me guardo dentro

Puedo pasar las mañanas mirando
La lluvia caer
Imaginar que se forman olas
Y que barren la pena

Puedo dejar mi papel en blanco
Y esperar a que tú
Pintes de rojo mis horas muertas
Y que valga la pena
Y que valga la pena

Anoche soñé contigo
Llevabas el pelo suelto
Dejabas abierto el vestido
Pegabas tu cuerpo a mi cuerpo

Fíjate en mi canción
Brilla después del incendio
Duerme pegada al calor
No hay distancia ni daño ni tiempo

Puedo pasar las mañanas mirando
La lluvia caer
Imaginar que se forman olas
Y que barren la pena

Puedo dejar mi papel en blanco
Y esperar a que tú
Pintes de rojo mis horas muertas
Y que valga la pena

Y que valga la pena
Y que valga la pena
Y que valga la pena.

LA PRIMERA CANCIÓN

La primera canción
Los primeros acordes
No reconozco los bordes
De nuestro viejo pulmón

Una vez fui feliz
En las montañas del norte
Ahora maquillo los cortes
En mi pequeño rincón

Ya no me arrepiento
De todo lo que fui
Por fin te llevo dentro

Y es posible que tú también
Y es posible que tú también
Y es posible que tú también
Me lleves a mí

Cuántas noches perdí
Imaginando los nombres
Desde las tardes de marzo
A las mañanas de abril

De tu mano aprendí
Que las promesas se rompen

Y las canciones nos marcan
El horizonte a seguir

Ya no me arrepiento
De todo lo que fui
Por fin te llevo dentro
Y es posible que tú también
Y es posible que tú también
Y es posible que tú también
Me lleves a mí
Me lleves a mí

La primera canción
Los primeros acordes.

/(la brisa breve)
la luz distinta/

EN LA TIERRA QUEMADA

Qué clase de incendio eres tú
Que avanzas sin rumbo fijo
Que pintas el aire de azul
Si bates las alas

Sé que siempre que encienda una luz
Tendré que dejarlo escrito
Fijarme en la cara y la cruz
Que roza mi espalda

Ya lo sé, que nunca va a sonar igual
Que nunca va a acabar tan bien
Como cuando lo soñabas

Qué tierra del norte o del sur
Sabrá adivinar mis besos
Sabrá provocar el alud de notas gastadas

Ven, hay un rumbo abierto en mitad de la
          nada
Cenizas tiñendo el cielo
Caminos quemados que saben hablar de dolor

Ya lo sé, que nunca va a sonar igual
Que nunca va a acabar tan bien
Como cuando lo soñabas

Ya lo sé, que nunca va a sonar igual
Que nunca va a acabar tan bien
Como cuando lo soñabas.

LA LUZ DISTINTA

Quizá porque la luz
Cayó del mismo modo sobre ti
Me recordaste tanto a ella
Tanto a ella

Tal vez de tanto amor
Muriendo a mil kilómetros de mí
Me decidí a borrar las huellas
Borrar las huellas

Yo sigo siendo aquel chico tan alto
Para su edad
Que se quedaba esperando un salto
Casi al final

Y que cazaba libélulas
Aunque fuera en los libros
Aunque no las pudiera tocar.

9

Voy a salir a caminar
Fingiendo que ya no conozco el camino
Voy a mentir una vez más
Tratando también de engañar al destino

Yo solo buscaba un amor puro
Yo solo buscaba un color
Capaz de iluminar
La clase de invierno más frío y oscuro

Va diluyéndose el metal
Las puntas de flecha que viajan conmigo
Son como océanos de sal
Secándose al ritmo del fuego enemigo

Yo solo buscaba un adiós puro
Yo solo buscaba un temblor
Capaz de derrumbar
La clase de infierno más frío y oscuro

Ser toda la pena muda
En el estómago de todos los hombres
Ser rayos de luna pura
Iluminándonos todos los bordes

Yo solo buscaba un amor puro
Yo solo buscaba un color
Capaz de derrumbar
La clase de invierno más frío y oscuro.

TODAS LAS AVES DEL SUR

Ya han empezado a volar
Todas las aves del sur
Sienten que el frío les cala en los huesos
Buscan un rayo de luz

Mucho más tarde que ayer
Mucho más frágil que tú
¿Nunca has pensado en huir como ellos?
Llegar al océano azul

Oh, Señor, no me dejes solo en la gran ciudad
Un amor muerto en cada esquina me acechará

Ya han empezado a crecer
Todas las flores que vi
Trepan dejando detrás lo vivido
Por mucho que duela seguir

He decidido escapar
Nunca me busques aquí
Hay un lugar justo al norte del mundo
Donde una vez fui feliz

Oh, Señor, no me dejes solo en la gran ciudad
Un amor muerto en cada esquina me acechará

Oh, Señor, no me dejes solo en la gran ciudad
Un amor muerto en cada esquina me acechará

Mucho más tarde que ayer
Mucho más frágil que tú
¿Nunca has pensado en huir como ellos?
Llegar al océano azul.

MARAVILLAS

De León a Maravillas
Un hotel en Tribunal
Nuestra máquina respira
Mientras arde la ciudad

Yo me escapo de puntillas
Yo te quise de verdad
Yo me arranco la semilla
Para dártela a probar

Yo conozco tus canciones
Aunque luego no las pueda oír
Yo me escondo en los rincones
Paso las mañanas por allí

Pensando en ti
Pensando en ti

Yo conozco tus canciones
Aunque luego no las pueda oír
Yo vigilo tus rincones
Paso las mañanas por allí

Pensando en ti
Pensando en ti
Pensando en ti.

AYER POR FIN SOÑÉ QUE TE SECABA EL PELO

El ruido detrás del espejo
La flecha apuntando hacia mí
Tu pecho latiendo tan lejos
Y yo imaginándolo aquí
Y yo imaginándolo aquí

Acordes que viven por viejos
Que siguen hablando de ti
Canciones que rompen los huesos
Aviones a punto de huir
Aviones a punto de huir

Ayer por fin soñé que te secaba el pelo
Y entendí que no hubo un momento mejor
Que no hubo un momento mejor
Que no hubo un momento mejor

Para mí
Para mí
Para mí

Ayer por fin soñé que te secaba el pelo
Y entendí que no hubo un momento mejor
Que no hubo un momento mejor
Que no hubo un momento mejor

Para mí
Para mí
Para mí.

NO TENGAS MIEDO

¿Ves? Por cada piedra que encuentres
Habrá un motor que te recuerde a mí
Pequeño clic adolescente

¿Ves? Hay mil maneras de llevarse bien
Y la primera pasa por aquí
Son las primaveras las que nunca vuelven

Yo todavía me asusto si creo que vas a venir
Yo todavía te busco y me quedo esperando
            por ti

¿Ves? Por cada verso que dejé morir
Hay una rama retorciéndose
Soltando el peso de un amor inerte

Puedes volver y recorrerlo de principio a fin
Imaginarlo como tantas veces
Y retorcerlo hasta que deje de doler

Yo todavía me asusto si creo que vas a venir
Yo todavía te busco y me quedo esperando
            por ti

No tengas miedo
Son los mismos pétalos que coronaron tu pelo

No tengas miedo
Son los mismos pétalos, son los mismos
        pétalos

Yo todavía me asusto si creo que vas a venir
Yo todavía te busco y me quedo esperando
        por ti.

Mr T.O.C.

Muere en cada verso
Salta desde allí
El mundo es un pañuelo que perdí

Hoy he sido un pez en la arena
Nubes que me alejan de aquí
Alguien me ha arreglado la pena
Para huir pronto

Nace de su pelo
Vino desde allí
Tiembla el universo junto a mí

Deja que te bese en la calle
Deja que los rayos del sol
Quemen nuestros propios detalles

Para ti, pequeño adiós
Para ti, pequeño adiós.

NUEVA YORK

Pobre corazón,
Que no entiende de máquinas
Que se pierde en el tráfico
Que imagina que así es mejor

Canta el ruiseñor
Y sus notas de plástico
Flotan muertas entre los dos
Y yo siento que no
Que no

Ahora que empezaba a acostumbrarme a todo
        esto
Una nube negra se abalanza sobre mí
Todas las canciones se convierten en
        pretextos
Solo quiero salir de aquí
De aquí

Pobre corazón que se inventa las páginas
Que se olvida del pánico
Que se muere de tanto amor

Vive en Nueva York
Observando los pájaros
Que se cuelan en su balcón
Que no saben volver a casa

Ahora que empezaba a acostumbrarme a todo
esto
Una nube negra se abalanza sobre mí
Todas las canciones se convierten en
pretextos
Solo quiero salir de aquí

Ahora que empezaba a acostumbrarme a todo
esto
Una nube negra se abalanza sobre mí
Todas las canciones se convierten en
pretextos
Solo quiero salir de aquí
Sin ti

No hay mañana
Si no te marchas de aquí
Las ventanas se cierran

Brotan ramas
Que se parecen a ti
En cualquier rincón de la tierra

No hay mañana
Si no te marchas de aquí
Las ventanas se cierran

Brotan ramas
Que se parecen a ti
En cualquier rincón de la tierra

Y vienen a mí
Y vienen a mí
Y vienen a mí.

LA BRISA LEVE

Como un arroyo de agua clara
Y limpia en tu mirar
Así me siento

Como la bruma en la mañana
Que tiñe el despertar
Así me siento

Luego vendrán las prisas
Y las murallas que se caen
Con una leve brisa
Con una leve brisa

Si me ves cantando solo
Será que pudo más la fe
Y terminé con todo

Luego vendrán las prisas
Y las murallas que se caen
Con una leve brisa
Con una leve brisa

Como un arroyo de agua clara
Y limpia en tu mirar
Así me siento.

/la fe remota/

TURISTA

Como a cualquier turista occidental
Se me conoce por mis vicios
Una querencia enferma hacia el metal
Y una montaña de prejuicios

Sabes que no me equivoco
Si digo que puede estar bien
Que el mundo se vuelva tan loco
Que valga la pena perder

Desde un sentido práctico
Y en cada amanecer

Como en cualquier remedio accidental
Nos encontramos sin buscarnos
Y nos odiamos tanto que al final
Ya no quisimos arreglarlo

Sabes que no me equivoco
Si digo que puede estar bien
Que el mundo se vuelva tan loco
Que valga la pena perder

Que el viento nos cubra de polvo
Que nunca sepamos por qué

Que el miedo se pudra en el fondo
Que nadie recuerde quién fue

Y nos volvamos mágicos
En cada amanecer

Te despiertas persiguiendo grandes sueños
Los olvidas al dormir

Te despiertas persiguiendo grandes sueños
Los olvidas al dormir

Sabes que no me equivoco
Si digo que puede estar bien
Que el mundo se vuelva tan loco
Que nadie recuerde quién fue

Y nos volvamos mágicos
En cada amanecer.

HERIDA Y CICATRIZ

Se despiden del invierno
Se despiden de la gente como yo
Mientras doblan las campanas

Y la máquina del tiempo
Es un monstruo que me encoge el corazón
Y canta un mirlo en mi ventana

Yo soy mucho más feliz
Perdiendo esas batallas tan estúpidas
Que son herida y cicatriz
Al mismo tiempo

Y las bestias del infierno
Y los pájaros del cielo y su señor
No verán jamás mis planes

Porque todo lo que tengo
Porque todo lo que crece en mi interior
Son principios y finales

Yo soy mucho más feliz
Fingiendo que las páginas se escriben solas
Soy el viento y la raíz
Al mismo tiempo

Yo soy mucho más feliz
Perdiendo esas batallas tan estúpidas
Que son herida y cicatriz
Herida y cicatriz
Herida y cicatriz
Herida y cicatriz
Al mismo tiempo.

PREMIO Y CASTIGO

Hay más distancia entre nosotros dos
De la que crees a simple vista
Con tantos focos a tu alrededor
No eres capaz de darte cuenta

Llevo clavadas en el corazón
Todas tus poses de revista
Y mientras suena lenta tu canción
Yo vivo dándome la vuelta

Sé que voy a seguir bailando contigo
En algún lugar
Que sirva por fin de premio y castigo
Por todo lo que hiciste mal

Cuando se apague todo este dolor
Cuando se borren las aristas
Y las paredes de mi habitación
Ya no pregunten por tu cuerpo

Nos volverá a invadir aquel rumor
Como un avión sobre la pista
Tan incapaz de mantener el control
Como de retomar el vuelo

Y sé que vas a seguir soñando conmigo
En algún lugar
Que sirva por fin de premio y castigo
Por todo lo que hiciste mal
Por todo lo que hiciste mal
Por todo lo que hiciste mal.

SÁLVALO

Cámbialo
Como cuando estás sola
Y piensas que nadie te ve
Y aunque ya no haya restos
De sal y sudor en tus sombras
Que te arrastren las olas
Que bailen desnudos los pies
Que te vuelvas tan loca
Que no tengas remedio

Traigo amor
Escondido en la boca
Destellos de fuego en la piel
Y un delirio de formas dibujado en el pecho
Y sangra por la herida el recuerdo
Que busca volver y volver
Y se rompe el silencio
Cada vez que lo nombras

Hay abismos que se salvan teniendo fe
En algo trivial, en algo banal, en algo
            pequeño y sencillo
Son los mismos que separan el mal del bien
Y puedes lanzar un golpe fatal
O puedes volver al principio
Y ya se distingue el final entre tanta certeza

Cámbialo
Como cuando estás solo, y piensas que todo
        va bien
Y prefieres dormirte
En un mundo repleto de normas
Y en el fondo es tan triste
Que sueñas con cómo y por qué
Y recuerdas que existes, y maldices las horas

Hay abismos que se salvan teniendo fe
En algo trivial, en algo banal, en algo
        pequeño y sencillo
Son los mismos que separan el mal del bien
Y puedes lanzar un golpe fatal
O puedes volver al principio
Y ya se distingue el final, oh

Hay abismos que se salvan teniendo fe
En algo trivial, en algo banal, en algo
        pequeño y sencillo
Son los mismos que separan el mal del bien
Y puedes lanzar un golpe fatal
O puedes volver al principio
Y ya se distingue el final oh, oh

Hay abismos que se salvan teniendo fe
En algo trivial, en algo banal, en algo
        pequeño y sencillo

Son los mismos que separan el mal del bien
Y puedes lanzar un golpe fatal
O puedes volver al principio
Y ya se distingue el final entre tanta certeza.

HE QUEDADO
CON LOS CHICOS

He quedado con los chicos en la parte de atrás
En el patio donde hacemos la liguilla
Jugaremos a la máquina de guerra del bar
Echaremos a las chicas de las sillas

Yo no sé cómo será el amor
Que ya me viene amenazando
Pero seguro que no es mejor

Hay un tramo sobre el río que divide el
      caudal
Y la luna se refleja en cada orilla
En las noches más oscuras la podría tocar
Dormiremos recordando como brilla

Yo no sé cómo será el dolor
Que ya me viene amenazando
Como un demonio gigante
Como un demonio gigante

He quedado con los chicos en la parte de atrás
Dormiremos recordando cómo brilla.

CAMINA CONMIGO

Va, para mal o para bien
De mi mano
De mi mano el fuego
Que tanto cuesta comprender
Si se ve, si se siente ajeno

Está quemándote la piel
Está quemándote la piel

Va, para mal o para bien
De tu mano
De tu mano el miedo
Que tanto cuesta retener
Si se ve, tiembla el mundo entero

Está rozándome la piel
Está rozándome la piel

Y mientras arden en las calles
Todas las canciones que cantaba para ti
En los escenarios, en los bares
Mido la distancia que separa mi perfil del
        suelo

Y está rozándome la piel
Está rozándome la piel

Está quemándote la piel
Está quemándote la piel.

GORRIONES

Es mejor
Que nos demos la vuelta ya
Que no sigamos pensando
En cómo vamos a perdernos

Brilla el sol
En las vitrinas de este viejo bar
Y tú te doblas como una flor
En una tarde de invierno

Tengo una bandada de gorriones
Anidándome en el pecho
Silban en el viento las canciones
Que escribí por aquí
Que escribí para ti

Es mejor
Que nos demos la vuelta ya
Que no sigamos pensando
En cómo vamos a querernos

Dime adiós
Tirando un beso tras el cristal
Que yo me guardo tu triste amor
Aunque se muera de enfermo

Tengo una bandada de gorriones
Anidándome en el pecho
Silban en el viento las canciones
Que escribí por aquí

Tengo una bandada de gorriones
Anidándome en el pecho
Silban en el viento las canciones
Que escribí por aquí
Que escribí para ti.

LA INMENSIDAD

Deja que te mire una vez más
Y que la esperanza se divida en dos
Vive a cada extremo de la inmensidad
Deshaciendo el humo de mi corazón

Late por ti
Late por ti

Y fuera la calle se viste de gris
Y los ángeles pasan de largo
Y voy a tener que cruzar la ciudad
Y salir a buscar lo que es mío

Deja que te mire una vez más
Y que la tormenta se parezca al sol
Viven alejados de la realidad
Los que viajan solo en una dirección

Late por ti
Late por ti

Y fuera la calle se viste de gris
Y los ángeles pasan de largo
Y voy a tener que cruzar la ciudad
Y salir a buscar lo que es mío

Late por ti
Late por ti
Late por ti.

LAS MUSAS

Lo primero que vi crecer
Dibujándose en la distancia
Recortando el amanecer
Cargado de luz
Brillando en tu espalda

Fue la línea entre el mal y el bien
Y la mano en la tierra blanda
Y recuerdo que fue tan gris
Y grande el alud
Que casi me alcanza

Luego están las musas
Que me alegran el despertar
Barren las excusas
Y apaciguan el vendaval
Viven flotando alrededor
De todas mis faltas.

/el rumor
de los tiempos/

EL RUMOR DE LOS TIEMPOS

Hoy no empieza todo
Pero tampoco es el final
De lo que sea que estés construyendo aquí

Flores en el lodo
Toda esa mierda sentimental
Acabará por matarte
Acabará por matarme a mí también

Fundiéndome en un rayo de luz
Ardiendo en un destello eterno
No trates de alcanzarme
Frenándome en el aire
Aún siento un fuego eléctrico

Creces de algún modo
Y te revuelves como un animal
Que ya no quiere seguir engañándose

Dejas que te vean venir
Vas anunciando el desastre
Vas a dejar que te afecte
Vas a dejar que me afecte a mí también

Fundiéndome en un rayo de luz
Ardiendo en un destello eterno

No trates de alcanzarme
Frenándome en el aire
Aún siento un fuego eléctrico

Y borra cada paso que di
Camino del invierno
Y sigue preguntando por ti
El pájaro que llevo dentro
El pájaro que llevo dentro
El pájaro que llevo dentro
El pájaro que llevo

Yo viviré también
Fundiéndome en un rayo de luz
Ardiendo en un destello eterno
No trates de alcanzarme
Frenándome en el aire
Aún siento un fuego eléctrico.

LOS ÍDOLOS

Cuántos caminos blancos u oscuros
Nacen del mismo lugar
Cuántas estrellas forman un mundo
Cuántas un juego de azar

Dueños del barro, grietas del muro
Ecos de un sueño fugaz
Luz desde el faro, voz del futuro
Fuego en el fondo del mar

Los ídolos caminan en la línea que tú no
　　　supiste ver
Los ídolos encienden las partículas de polvo
Los ídolos compiten en la cima hambrientos
　　　de amor y fe
Y pintan las paredes con el ritmo del rocanrol

Voy a matarlos hoy
Voy a matarlos hoy

Para poder recordarlos
Para poder recordarlos

Los ídolos caminan en la línea que tú no
　　　supiste ver
Los ídolos encienden las partículas de polvo

Los ídolos compiten en la cima hambrientos
        de amor y fe
Y pintan las paredes con el ritmo del rocanrol

Voy a matarlos hoy
Voy a matarlos hoy

Para poder recordarlos
Para poder recordarlos.

VENLAFAXINA

Ahora recuerdo la razón
Que me trajo hasta aquí
Vine buscando el sentido
De todas las cosas

Otra manera de temblor
O tal vez fue la química
Prometiéndome calor
Y frases hermosas

Si tienen que venir, que vengan rápido
Ya no hay huracán aquí
Que se lleve las palabras
Más allá del cielo gris

Si tienen que venir, que vengan rápido
Y que suenen para mí
Los silbidos de las balas
Que nunca lograron tocarnos

La primera vez sentí
El filo de las pálidas
Destruyendo las mañanas
Hablándome a mí

Qué distinto fue vivir
Sabiendo que hay heridas tan mágicas
Que se cuelan en tu estela
Ardiendo hasta el mismo fin

Si tienen que venir, que vengan rápido
Ya no hay huracán aquí
Que se lleve las palabras
Más allá del cielo gris

Si tienen que venir, que vengan rápido
Y que suenen para mí
Los silbidos de las balas
Los silbidos de las balas

Si tienen que venir, que vengan rápido
Ya no hay huracán aquí
Que se lleve las palabras
Más allá del cielo gris

Si tienen que venir, que vengan rápido
Y que suenen para mí
Los silbidos de las balas
Que nunca lograron tocarnos.

SAN JUAN

Vamos a pasar sin miedo por la hoguera de
    San Juan
Todo lo que fue primero ha terminado por
    estar justo al final

A las tres de la mañana
Todavía no he encontrado una razón
Que me ayude a regresar

Las cosas que perdí en el fuego eran tan
    fáciles de amar
Que todo lo que vino luego parecía un
    espejismo tonto

Al final de la semana
Todavía no he encontrado una razón
Que me ayude a regresar
A tiempo

A ningún momento
A ningún momento
A ningún momento
A ningún lugar

A las tres de la mañana
Todavía no he encontrado una razón

Que me ayude a regresar
A tiempo

A ningún momento
A ningún momento
A ningún momento
A ningún lugar

(Vamos a pasar sin miedo por la hoguera de
        San Juan)
A ningún lugar
(Todo lo que fue primero ha terminado por
        estar justo al final)

(Las cosas que perdí en el fuego eran tan
        fáciles de amar)
A ningún lugar
(Que todo lo que vino luego parecía un
        espejismo tonto).

IGUAL CONTIGO

Seca mi lengua de trapo
Empapada en Jim Beam
Y deja que brille la luna gris
En el fondo del vaso

Todas las cosas pequeñas
Que me gusta decir
Suenan gigantes, eternas
Si te las digo a ti

Tengo que dejarlo estar
Si pienso que nunca
Voy a poder explicarlo bien

Contigo me pasa igual
Contigo me pasa igual

Tengo que dejarlo estar
Si pienso que nunca
Voy a poder explicarlo bien

Contigo me pasa igual
Contigo me pasa igual.

EL REY PESCADOR

Hijos de los antibióticos
Seguimos vivos de milagro
Fuimos tan ingenuos que quisimos ver
Un mensaje oculto en cada beso amargo

Arden nuestros labios rotos

Gritas desde los periódicos
Y nunca pisas el asfalto
Quieres que signifiquen algo más
Todos esos versos electrónicos

Que lanzas al ciberespacio

Cazando igual
Que un Rey Pescador
Que atrapa a las almas sumergidas
En la corriente sin salida

Cazando igual
Que un Rey Pescador
Que atrapa a las almas sumergidas
En la corriente sin salida al exterior

Dime que no vas a renunciar por mi dolor
Que no vas a parar por mí

Dime que no vas a renunciar por mi dolor
Que no vas a parar por mí

Hijos de los antibióticos
Seguimos vivos de milagro
Fuimos tan ingenuos que quisimos ver
Un mensaje oculto en cada beso amargo

Arden nuestros labios rotos.

SATÉLITE

Brilla con la luz de los demás
Igual que un gran satélite
Girando alrededor de un punto mágico

Filtra cada verso y viaja a toda velocidad
Tiñendo las moléculas
De todo lo que habita en nuestro espacio gris

Por qué iba a querer arreglar
Algo que debe estar roto
Si quiere seguir existiendo en el mundo real

Las olas que apuntan más lejos
Bailan sobre un terremoto
Brotan de un pálido abismo en el fondo del
          mar

Yo también
Yo también les debo algo

Vibra en el vacío cósmico
Y en medio de ese inmenso azul
Fabrica los paisajes mas fantásticos

Vive entre el dolor y el vértigo
Y sabe que cualquier señal
Incendia el infinito entre los dos

Por qué iba a querer arreglar
Algo que debe estar roto
Si quiere seguir existiendo en el mundo real

Las olas que apuntan más lejos
Bailan sobre un terremoto
Brotan de un pálido abismo en el fondo del
        mar

Yo también
Yo también les debo algo.

ARTISTA

Crees que la fiebre te empaña la vista
Pero en el hielo te mueves igual
Buscas consuelo en mitad de la pista
Mientras avivas el fuego

Dices que vives flotando en el cielo
Pero en el fondo te sientes fatal
Sabes que debes llegar el primero
Para quien hace las listas

Cómo es la luz de tu barrio en otoño
Cuando vuelves de borrachera y no hay dios
            que te calme
Ni que te quiera salvar

La vida es un juego de fuerza y aguante

Crees que tus buenas maneras de artista
Te salvarán de un destino trivial
Haces del miedo un motor derrotista
Mientras te juegas el cuello

Sabes que el tiempo se enreda en el pelo
Y que te empuja hacia el mismo final
Cruzas los dedos y entonas el ruego
Más ambicioso que exista

Cómo es la luz de tu barrio en otoño
Cuando vuelves de borrachera y no hay dios
         que te calme
Ni que te quiera salvar

Puede que todo haya sido un mal sueño
Y te despiertes sabiendo que no vas a ser
         importante

Que no vas a ser
Que no vas a ser
Que no vas a ser

Cómo es la luz de tu barrio en otoño
Cuando vuelves de borrachera y no hay dios
         que te calme
Ni que te quiera salvar

Puede que todo haya sido un mal sueño
Y te despiertes sabiendo que no vas a ser
         importante
Y te parezca genial

La vida es un juego de fuerza y aguante
Y el mundo un tablero infinito y real.

CACHORRO

Cachorro en mitad de la calle
Ladrándole a un claro de luna
Mi amor es un globo en el aire
Meciéndose a un metro de altura

Vuela como un colibrí
Robándole el tiempo a las flores
Piensa que es capaz de huir
Y sueña con otros colores
Que tiñan sus huesos

Cachorro en mitad de la calle
Buscando una puerta segura
Hay noches que acaban en baile
Y noches el doble de oscuras

Miras hacia la raíz
Y sientes que no te conocen
Tratas de sobrevivir
A todo ese coro de voces
Que rompe el silencio

Un minuto allí
Podría bastarte
Para volver a perderlo

Vuela como un colibrí
Robándole el tiempo a las flores
Piensa que es capaz de huir
Y sueña con otros colores
Que tiñan sus huesos.

TÚ NO SABES
QUÉ ES LA LLUVIA

Tú no sabes qué es la lluvia
Solo la notas caer
Sobre el hueco que se inunda
Ahí adentro

Hay tristezas que desnudan
Otras te cubren la piel
Puedo ver crecer la tuya
Ahí adentro

Déjalo correr
Suéltalo un momento
Puede que esta vez te salga bien
Y vuele el tiempo

Déjalo correr
Suéltalo un momento
Puede que esta vez te salga bien
Y vuele el tiempo

Tú no sabes qué es la lluvia.

AGRADECIMIENTOS

Gracias a Yago y a Ediciones Venera por
considerar que las letras de mis canciones
pueden tener entidad propia y decidir
editarlas en este librín tan bonito.

A mi querida familia.

A Raquel.

ESTA EDICIÓN DE **ALGO QUE DEBE ESTAR ROTO** SE DIO A IMPRENTA EL 24 DE ABRIL DE 2024, UNOS AÑOS ANTES, EN LA CIUDAD EN LA QUE «LA SIESTA DE LOS PERROS» FUE COMPUESTA, UN PERRO LLAMADO PATERSON TAMBIÉN SOÑÓ CON ESTAS FLORES OXIDADAS POR EL SOL. VALE.